Kostenlose E-Books finden und downloaden

AF138736

Susanne Rennert

Bibliografische Information der Deutschen Nationalbibliothek: Die Deutsche Nationalbibliothek verzeichnet diese
Publikation in der Deutschen Nationalbibliografie; detail-
lierte Daten sind im Internet über http://dnb.dnb.de abrufbar.

www.die-zauberkiste.de

© 2015 Susanne Rennert
Herstellung und Verlag
BoD - Books on Demand, Norderstedt

3. Auflage

ISBN 978-373-578-1338

Inhalt

Kostenlose E-Books

Lesen Sie gerne? Aber Sie möchten nicht viel Geld ausgeben oder am besten gar kein Geld? Dann sind Sie hier richtig. Hier gibt es Empfehlungen, auf welcher Seite Sie im Internet kostenlose E-Books downloaden können. Wie das geht erfahren Sie in diesem Buch und Sie brauchen nicht unbedingt einen E-Reader. Es reicht ein PC oder ein Tablet. Sie werden staunen, welche Schätze das Internet bereithält. Und das völlig legal. Und es ist auch nicht schwierig, das nötige Werkzeug dafür einzurichten. Aber zuerst müssen Sie sich entscheiden, welches Lesegerät Sie bevorzugen. Vielleicht hilft Ihnen dieser Ratgeber dazu.
Also, legen Sie los.

Dieses Buch erhebt keinen Anspruch auf Vollständigkeit. Sie bekommen hier Vorschläge aus dem großen Gebiet des Internets. Es ist nicht möglich, diesen Bereich vollkommen abzudecken, da es tagtäglich Veränderungen gibt und neue Errungenschaften dazukommen oder verschwinden.

E-Books ohne E-Reader lesen

Es ist nicht erforderlich, einen E-Reader zu besitzen, um die E-Books zu lesen. E-Books können auf einem PC, Notebook und auf einem Smartphone oder einem Tablet gelesen werden. Sie brauchen nur eine kostenlose App, die zur Verfügung gestellt wird, downloaden.

Bei einigen E-Readern, wie z.b. dem Amazon Kindle, gibt es noch eine tolle Beigabe.

Wenn Sie mehrere Geräte besitzen, können Sie auf allen Geräten lesen. Das E-Book wird einmal heruntergeladen und auf allen Geräten, wo die Kindle - App installiert ist, können Sie es lesen.

Das Verfahren nennt sich Whispersync- Technologie. Das bedeutet, Sie können ihre zuletzt gelesene Seite mit einem Lesezeichen automatisch speichern, und es wird auf allen Geräten synchronisiert.

Wenn Sie es auf einem anderen Gerät zu lesen beginnen, können Sie das E-Book dort an derselben Stelle weiterlesen.

Die Schriftgröße können Sie größer oder kleiner einstellen, wie es Ihnen beliebt.

Warum gibt es die E-Books kostenlos?

E-Books werden meistens günstiger angeboten als gedruckte Bücher. Es gibt Preise ab 0,89 Euro aufwärts. Und es gibt Gratisangebote. Aber niemand hat etwas zu verschenken. Oder doch?

In Deutschland gibt es für E-Books 19 % Mehrwertsteuer, im Gegensatz zu gedruckten Büchern mit 7 %. Das E-Book unterliegt genauso der Buchpreisbindung, das heißt es muss in jedem Shop gleich viel kosten.

Es gibt Bücher, bei denen das Urheberrecht abgelaufen ist. Das ist wenn der Autor länger als 70 Jahre verstorben ist. Diese Bücher gelten als gemeinfrei. Das ist bei allen Klassikern wie z.b. Die Reise nach dem Mittelpunkt der Erde.

Bei Amazon KDP (Kindle Direct Publishing) kann ein Autor sein Buch für 5 Tage innerhalb von 3 Monaten als Werbeaktion kostenlos anbieten. Der Zweck dabei ist, dass das Buch im Bekanntheitsgrad steigt und einen höheren Platz im Ranking einnehmen kann. Das soll den Absatz fördern. Daher findet man dort in sämtlichen Bereichen und Kategorien gratis E-Books.

Verlage können nur eine gewisse Anzahl von gedruckten Büchern im Jahr veröffentlichen. Daher werden viele Autoren mit ihrem Manuskript abgelehnt. Das bedeutet aber nicht, dass die Werke nicht gut sind. Daher gehen viele den Weg, das Buch im Self-Publishing als E-Book zu veröffentlichen. Da gibt es mittlerweile sehr bekannte Autoren, die auf dem Weg Bestseller veröffentlicht haben, z.B. Emily Bold.

Das ist bei vielen Portalen möglich wie Amazon, Bookrix oder Neobooks. Sie können das Buch günstig anbieten und erhalten trotzdem eine hohe Marge bis zu 70 %. Und beim gedruckten Buch liegt sie bei 8 - 12 %. Um diese Bücher bekannt zu machen, greifen die Autoren zu der

Möglichkeit der Werbeaktion, um es kostenlos anzubieten.

Wenn Sie diese E-Books downloaden, ist es sehr schön, wenn Sie als Leser ein Dankeschön in Form einer Rezension hinterlassen, wenn Sie es gelesen haben. Das ist eine kurze Beschreibung und Bewertung. Die Autoren und Autorinnen freuen sich sehr darüber. Dadurch erfahren auch zukünftige Leser davon und können sich ein Bild machen, ob sie das Buch kaufen oder nicht. Viele Leser richten ihren Kaufentscheid danach.

Es gibt auch noch die Möglichkeit in das Buch hineinzuschauen, das heißt "Blick in das Buch". Sie können sich ebenso eine kostenlose Leseprobe schicken lassen. Aber wenn das Buch gratis ist, ist das nicht so wichtig.
Es werden auch hin und wieder fremdsprachige E-Books angeboten, die mit einer Software ins Deutsche übersetzt wurden. Die Grammatik ist katastrophal. Oft erkennen Sie das im Vorfeld an den Bewertungen der vorigen Leser. Aber machen Sie sich selbst ein Bild.
Das Gute ist, dass man gekaufte E-Books zurückgeben kann. Und die gratis E-Books kann man einfach vom E-Reader löschen.
Es gibt auch das Problem, dass Autoren Probleme mit der Rechtschreibung haben und ihr Buch nicht Korrektur lesen lassen, da das viel Geld kostet. Und manchmal sind die Einnahmen so gering, dass es sich nicht lohnt. Das Lesen solcher Werke kann sehr anstrengend sein. Das kann ein Nachteil sein für selbst verlegte E-Books, aber

wie bereits erwähnt lassen sich solche Bücher zurückgeben.

Illegale E-Books

Es gibt viele illegale E-Books im Internet zum Herunterladen. Davon möchten wir hier abraten.

Auf ein legales kommen mittlerweile zehn illegale. Ob sie illegal sind oder nicht, ist manchmal nicht so einfach zu erkennen. Aber es gibt einige Merkmale, an denen Sie sehen, ob es illegal ist. Falls das Cover oder auch der Titel gänzlich fehlt, kein Impressum vorhanden ist, dann können Sie davon ausgehen, dass es unerlaubter Weise angeboten wird.

Falls das Buch als gemeinfrei angeboten wird, obwohl der Autor noch lebt, oder noch nicht über 70 Jahre verstorben ist, ist das Buch ebenfalls in der Regel illegal.

Wenn Sie feststellen, dass das E-Book zusätzlich in einer schlechten Qualität angeboten wird, es nicht gemeinfrei ist, sollten Sie lieber die Finger davon lassen. Denn Sie machen sich damit strafbar.

Überprüfen Sie die Merkmale und wenn Sie ein Buch als illegal erkennen, wechseln Sie lieber die Seite.

Lassen Sie es bleiben solche Werke herunterzuladen. Es gibt genügend legale E-Books, wie Sie in diesem Buch feststellen werden.

Warum E-Books und E-Reader?

Sie haben sicherlich festgestellt, dass E-Books immer mehr an Beliebtheit gewinnen. Je mehr E-Books es gibt, umso mehr Lesemöglichkeiten drängen auf den Markt.

Sprich: es gibt immer mehr E-Reader, die die verschiedenen E-Book Formate verarbeiten können. Für E-Books gibt es mehrere Reader zum Lesen. Aber welcher ist der Richtige für mich?

Es gibt nicht nur die Reader wie den Kindle. Sie können die E-Books auch auf Tablets, Smartphones, PCs oder Notebooks lesen. Hierfür werden diverse Apps runtergeladen.

E-Books auf E-Readern bringen einige Vorteile mit sich.

- Ein E-Reader ist leicht, ca. 200 gr.

- Man kann die Schriftgröße variabel verstellen.
- Man kann mindestens 1000 Bücher darauf speichern. Auf 2 GB Speicher passen ca. 1000 - 2000 Bücher.
- Einige Reader bieten eine Vorlesefunktion an.
- Es gibt bereits einige günstige Einsteigermodelle.
- E-Books sind meistens um einiges günstiger als gedruckte Bücher.
- Man kann von dem Inhalt aus an jedes Kapitel springen.
- Cloud: E-Books werden automatisch in einer Cloud gespeichert. Wenn man weitere Geräte hinzufügt kann man sie dort sofort downloaden.
- Es gibt eine Wörterbuchfunktion, um Definitionen nachzusehen.
- Textpassagen können markiert werden, um sie z.B. bei Facebook zu posten.
- Für Menschen mit Sehschwäche geeignet.

© Pixelio - Julien Christ

Viele Leser wünschen sich, die E-Books ausdrucken zu können, da für viele das Lesen von bedrucktem Papier angenehmer ist als auf Geräten. Das ist leider nicht direkt möglich. Es gibt bisher nur die Alternative, dass Sie einen Screenshot machen können, eine Bildschirmaufnahme. Sie können so einzelne Seiten erstellen und jede Seite einzeln ausdrucken.

Es gibt auch Nachteile. Zum einen braucht man stets Strom. Daher ist es ratsam ein Gerät zu nehmen, dass einen Akku mit einer großen Kapazität besitzt. Und man braucht ein gewisses technisches Verständnis, um die Reader oder Apps einzurichten.
Mittlerweile gibt es sogenannte "enhanced Books". Sie sind mit Audiodateien oder Videos verknüpft, die den Text unterstützen. Multimedia ist angesagt.

Die verschiedenen E-Book Formate

Die E-Books sind in verschiedenen Formaten geschrieben. Nicht jeder Reader kann alle Formate lesen. Die bekanntesten Dateiformate sind PDF, e-Pub, Mobi und LFR. Man erkennt sie an den Endungen.

Viele Verlage bevorzugen ePub, denn es eignet sich gut für Romane. Falls Bilder und Texte integriert sind, sind sie eher ungeeignet.

Mobi gehört zu Amazon. Die Endungen sind entweder Mobi, PRC oder AZW. Es ist speziell für Kindle Geräte geeignet. Andere Reader können diese Dateien nicht verarbeiten.

PDF gehört zu Adobe. Aber sie sind weniger geeignet, da man die Schriftgröße nicht anpassen kann.

Welches Format sich allerdings durchsetzen wird, kann man derzeit noch nicht sagen.

Der Kopierschutz

Manche E-Books sind mit einem Kopierschutz ausgerüstet, dem DRM. Nicht alle Geräte können diese E-Books lesen. Achten Sie beim Kauf darauf.
Sie haben für den Gebrauch des E-Books eine Nutzungslizenz gekauft. Verlage und Autoren wollen dadurch verhindern, dass das E-Book unbegrenzt weitergegeben oder kopiert wird.
Der Name ist DRM. Das bedeutet Digital Rights Management.
Diese E-Books dürfen nicht in andere Formate konvertiert werden. Denn dafür müsste der Kopierschutz zuerst entfernt werden. Das ist illegal und somit strafbar.
Es gibt auch E-Books, die kein DRM besitzen. Bei Amazon erkennt man dies an dem Zusatz „Gleichzeitige Verwendung von Geräten: Keine Einschränkung".

Dann gibt es noch einen Kopierschutz von Adobe. Dazu müssen Sie eine Adobe-ID erstellen. Man erstellt ein Benutzerkonto, um identifiziert zu werden. Das E-Book hängt dann mit dieser ID zusammen. Auf dem Reader

muss die Unterstützung für den Adobe DRM bereits vorhanden sein. Im Nachhinein können Sie sie nicht installieren. Kindle Geräte können diese E-Books nicht nutzen.
Zur Adobe-ID Anmeldung gelangen Sie hier.
http://adobe.ly/1TaeKqF

Die verschiedenen Reader

Auf dem Markt sind bisher die verschiedensten Reader erschienen, die die unterschiedlichsten Formate lesen können. Jedes Gerät hat seine eigenen Vorteile.

Es gibt zum Beispiel:
- Amazon Kindle in verschiedenen Versionen
- Sony PRS
- Tolino
- Kobo

Und es gibt die Multifunktionsgeräte, die E-Books lesen können.
- Notebooks
- Tablets (iPad, Galaxy, Toshiba)
- Smartphones (iPhone, Samsung, etc.)

Mit der richtigen Software und den dazugehörigen Apps kann man E-Books optimal lesen.
Die Apple Geräte und Smartphones setzen dabei auf die IOS Software und die anderen Tablets auf Android.
Die E-Books gelangen entweder per Funk, LAN oder per Kabel auf den Reader.

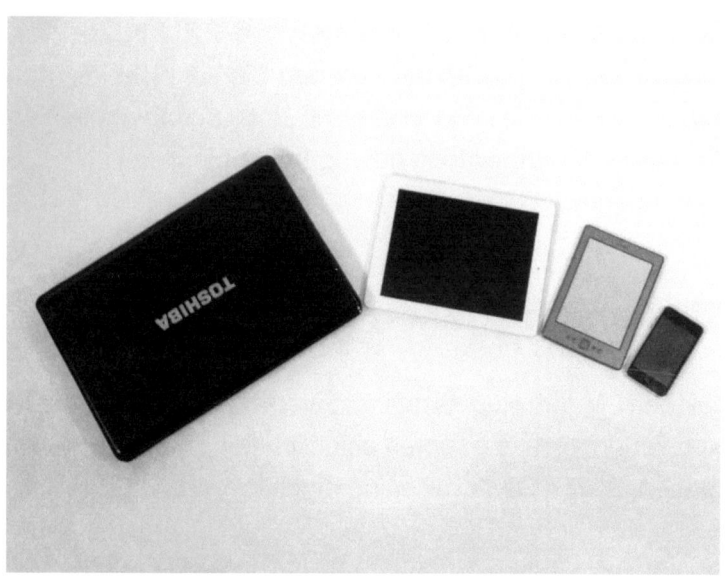

Notebook, Tablet, E-Reader, Smartphone

Meiner Meinung nach sind die Displays der Smartphones zu klein, um komplette Bücher oder längere Textpassagen zu lesen.

PCs und Notebooks eignen sich, um E-Books im Internet zu suchen und sie dann zu den Readern zu senden. Sie sind aber zu groß und zu schwer, also unpraktisch, um sie überall mit hin zu nehmen und das Lesevergnügen zu genießen.

Es bleiben Tablets und E-Reader übrig. Dazu in einem anderen Kapitel mehr.

Reader im Vergleich

Die meisten E-Reader haben E-Ink Displays. Es gibt kaum einen Unterschied in der Lesbarkeit zu den gedruckten Büchern.

Im Test der Zeitung Chip schnitt der Amazon Kindle Paperwhite Reader am besten ab. Platz 2 belegte der Sony PRS - T 3. Der Amazon Kindle 4 kam auf Platz 3.

Tolino Vision 2 und Shine

Auf den Tolino bauen Thalia, Weltbild, Hugendubel und die Telekom.

Er liest die Formate ePub, PDF und TXT.

Mit diesen Geräten kann man lesen und surfen, denn sie besitzen einen integrierten Webbrowser. Es gibt einen Steckplatz für SD-Karten, um den Speicher auf 32 GB zu erhöhen. Dank der Funktion der Water Protection bieten sie einen Schutz gegen Wasser. Eine integrierte Beleuchtung ist vorhanden. Mit Telekom Hotspots kann man sogar ins Internet. Der Akku hält bis zu 7 Wochen.

Hier erhältlich: http://amzn.to/1BiHV6e

Der Kindle

Den Amazon Kindleshop gibt es seit dem 21. April 2011. Der Kindle liest die Formate AZW, TXT, HTML, Mobi, PRC und PDF.

Es gibt den Kindle, Kindle Paperwhite und den Kindle Voyage. Kindle bietet ein günstiges Einsteigermodell. Die Kindle Software gibt es im Amazon Shop oder im iBook

Store. Es gibt ein integriertes Wörterbuch. Eine Kindersicherung ist ebenfalls dabei.

Der Paperwhite ist mit 3G ausgerüstet, da kommt man kostenlos von überallher ins Netz. Zusätzlich gibt es einen 4 GB Speicher, ein 6 Zoll Display ohne Spiegeleffekte, ein Touchscreen ist vorhanden und ein Vokabeltrainer.

Der Voyage hat eine sehr scharfe Darstellung und eine gleichmäßige Beleuchtung. Und es gibt bei ihm eine automatische Anpassung. Er ist der leichteste und wiegt nur 188 Gramm.

Wenn man sie mit Spezialangeboten wählt, sind die Geräte etwas günstiger. Hier erscheint aber hin und wieder Werbung zu E-Books. Die Spezialangebote erscheinen nur auf dem Bildschirmschoner.

Hier erhältlich http://amzn.to/1Bil6i8

© Pixelio - D. Braun

Sony PRS-T3

Dieser Reader hat eine ausgezeichnete Ausstattung. Er besitzt ein eingebautes Frontcover als Schutz.
Ein Nachteil ist, dass er keine aktive Beleuchtung besitzt. Im Dunkeln kann man nur mit Umgebungslicht lesen.
Er hat eine Anbindung an viele E-Book Shops. Außerdem gibt es eine hohe Displayauflösung und einen 2 GB Speicher.
Die Formate sind ePub und PDF. Es wurde bekannt gegeben, dass Sony nicht weiter an der Entwicklung arbeitet, da die Kosten zu groß sind. Es wird also keine Folgemodelle geben.
Hier erhältlich: http://amzn.to/1tnAr9r

Pocketbook Touch Lux

Der Reader besticht mit einer guten Ausstattung, Er besitzt einen 3,5 mm Klinkenstecker für Musik und Hörbücher. Es gibt ein 6 Zoll Display und einen 4 GB Speicher. Eine Micro-USB Buchse ist integriert. Ein Internetbrowser ist enthalten.
Die Formate sind ePub und PDF.
Hier erhältlich: http://amzn.to/1IP037w

Kobo Glo

Der Reader besitzt ein beleuchtetes 6 Zoll Display mit Touchscreen und einen integrierten Internetbrowser. Es gibt ein eingebautes WLAN und einen 2 GB Speicher. Neue Bücher können über einen Online Shop gekauft werden. Es gibt eine große Auswahl an passenden Online

Buchläden. EPub Formate mit und ohne Kopierschutz können gelesen werden, sowie PDF Formate.

Es gibt eine passende App für Smartphones und Tablets.

Ein Highlight ist, dass eine integrierte Schachsoftware eingebaut ist. Sein Gewicht ist nur 185 gramm. Ein Wörterbuch ist inclusive.

Hier erhältlich http://amzn.to/UpV4Fu

Pocketbook Aqua

Dieser Reader ist ein echtes Highlight. Er ist wasserdicht. Auch Staub und Sand machen ihm nichts aus. Sie können ihn getrost mit in die Badewanne, an den Pool oder an den Strand nehmen.

Er besitzt einen 6 Zoll E-Ink Pearl Display. Dies schafft auch bei hellem Sonnenschein ein entspanntes Lesevergnügen.

Außerdem ist er mit WLAN ausgestattet. Die Send-to-Pocket Funktion erlaubt das Laden ohne am PC angeschlossen zu sein.

Sie finden in ihm eine Schachfunktion und Kontakte in sozialen Netzwerken, in denen Sie Lieblingsstellen in den E-Books posten können.

Mit seinen 170 Gramm ist er sehr leicht. Er liest die Formate ePub, TXT, PDF und Doc. Weiterhin ist er mit einer Micro USB Schnittstelle und mit einem 4 GB Speicher ausgestattet.

Hier erhältlich http://amzn.to/1AsVVIh

TrekStor

Dieser Reader besitzt ein großes 7 Zoll TFT Display. Dadurch können farbige Elemente dargestellt und sogar

Animationen abgespielt werden. Das Display hat eine Hintergrundbeleuchtung.

Außerdem gibt es als Zusatzausstattung einen integrierten Lautsprecher und einen Kopfhörerausgang, sowie einen MP3 Player. Weitere Ausstattungen sind ein USB 2.0 Anschluss. Der Speicher weist 2 GB aus mit einem integrierten Kartenleser.

Die Formate, die er lesen kann, sind ePub, PDF, Adobe DRM, TXT und Musik MP3. WAV oder WMA kann er spielen. Und er ist recht günstig. Ein Nachteil ist die geringe Akkulaufzeit von bis zu 8 Stunden. Da muss nach kurzer Zeit aufgeladen werden.

Hier erhältlich http://amzn.to/1nxVYNn

Selbstverständlich gibt es noch mehr Geräte. Es wurden hier aber nur die gängigsten beschrieben.

Ratsam ist sich Schutzhüllen zu besorgen, damit der Bildschirm nicht so schnell zerkratzt.

Die Android-Apps

Um die E-Books auf den Multifunktionsgeräten, wie z.B. Tablets oder Smartphones, lesen zu können, braucht es eine App. Gute Android Apps gibt es kostenlos. Es gibt aber auch kostenpflichtige mit noch mehr Ausstattung. Es gibt keine App, die perfekt ist und alles lesen kann. Aber je nachdem, welche E-Books einen interessieren, sucht man sich eine passende aus.

Es gibt auch die Alternative, sich mehrere Apps auf sein Gerät zu speichern. So hat man Zugang zu noch mehr Shops.

Cool Reader

Diese App zeichnet sich dadurch aus, dass viele Formate gelesen werden können. Das sind ePub, TXT, DOC, aber leider kein PDF. Dokumente können über eine SD-Karte importiert werden. Das Projekt Gutenberg mit seinen gratis Angeboten ist sogar schon dabei.

http://bit.ly/1NDLJk3

Moon Reader

Hier sind viele gratis E-Books schon dabei. Die Formate, die gelesen werden können, sind ePub, und auch Mobi, TXT, HTML. PDF gibt es erst ab der kostenpflichtigen Version.

http://bit.ly/1d0Z8DP

FB Reader

Bei dieser App ist ein Inhaltsverzeichnis integriert, durch das man zu den einzelnen Kapiteln springen kann. Die Schriftgröße ist veränderbar. Der Import eigener Bücher funktioniert gut.

Die Formate ePub, RTF, FB2 und Mobi, sowie Plain können gelesen werden.

http://fbreader.org/

Aldiko Book Reader

Bei dieser App können einzelne Sammlungen angelegt werden. Viele öffentliche Bibliotheken werden unterstützt, wobei E-Books heruntergeladen werden können. Dies ist ein großer Vorteil.

Und es können weitere Sammlungen von z.B. Calibre hinzugefügt werden.
Die Formate, die unterstützt werden, sind ePub und PDF.
Hier gratis erhältlich http://amzn.to/1rHjgPT

Ciando Reader

Der Shop Ciando hat einen eigenen Reader, den man laden kann. Es gibt eine Verbindung zu vielen Shops, Bibliotheken und Verlagen. Die App liest kopierschutzfreie E-Books im ePub und PDF-Format, des Weiteren werden E-Books mit Wasserzeichen und alle E-Books mit dem Kopierschutz Adobe DRM unterstützt.
http://bit.ly/1r1stpk

Page Turner

Diese App unterstützt ePub und PDF. Es gibt eine Synchronisierfunktion, die sehr vorteilhaft ist, da man die E-Books auf mehreren Geräten lesen kann.
http://www.pageturner-reader.org/

Mantano E-book Reader Lite

Hiermit können Sie verschiedene spezifische Sammlungen anlegen. Es ist eine Registrierung erforderlich. Die Formate, die gelesen werden, sind ePub und PDF.
https://play.google.com/store/apps/details?id=com.manta no.reader.android.lite&hl=de

Apps für Apple Geräte

Auch für Apple Geräte wie das iPad, das iPhone und das iPod gibt es viele gratis Apps zum Lesen. Hier beschreibe ich einige zum Ausprobieren. In dem App Store für iTunes gibt es sehr viele weitere. Ich beschreibe hier nur einige wenige, die bekannt sind.

Kindle App

Für Amazon gibt es die Kindle App. Die kann man entweder direkt bei Amazon anklicken oder in dem App-Store. Wenn man sie im App-Store downloaden möchte, sucht man sie sich dort heraus. Dann klickt man auf den Button. Dazu muss man sich bei Amazon anmelden. Dann sucht man sich bei Amazon ein E-Book aus. Da wählt man auf welches Gerät es gesendet werden soll, falls man mehrere besitzt, und klickt auf den Kaufbutton. http://amzn.to/1ucEeXw

E-Book Search

Die App gibt es ebenfalls im App-Store. Diese App preist an, der größte Buchladen der Welt zu sein. Mehr als 2 Millionen gratis Bücher können hier ausgewählt werden. Sie werben mit gratis E-Books für Kobo, Kindle und mehr https://itunes.apple.com/de/app/ebook-search-gratis-bucher/id416454511?mt=8

IBooks

Die App gehört zu Apple. Tippt man auf den Button, so erscheint eine Seite, auf der man die App laden kann.

In der Bibliothek erscheinen die gekauften Bücher. Dann kann man wählen zwischen gekauften und den gratis E-Books. In der unteren Leiste tippt man auf Spotlight. Bei Top Charts sind rechts die gratis E-Books gelistet. In der linken Leiste sind die Autoren gelistet.

Tippt man auf gratis, so erscheint eine Beschreibung. Tippt man wieder auf gratis, so wird man aufgefordert, seine Apple-ID einzugeben.

https://itunes.apple.com/de/app/**ibooks**/id364709193?mt=8

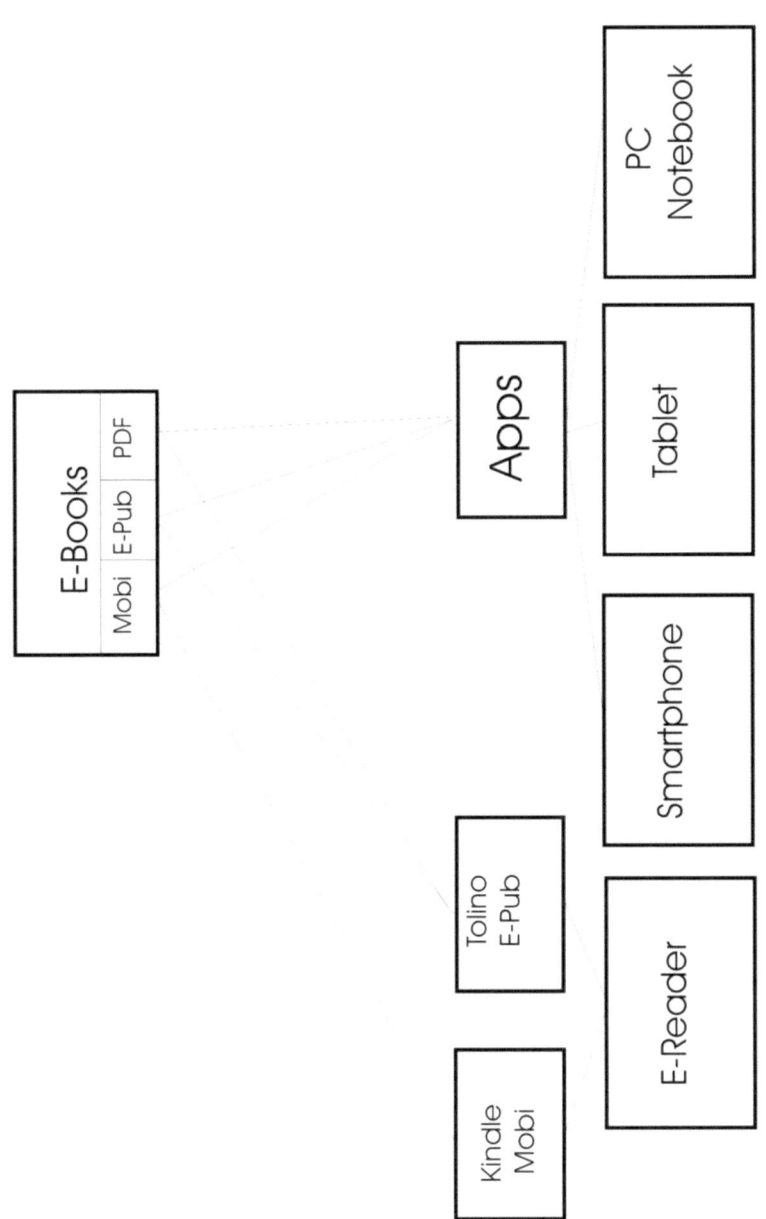

E-Books

| Mobi | E-Pub | PDF |

Kindle
Mobi

Tolino
E-Pub

Apps

E-Reader

Smartphone

Tablet

PC
Notebook

Einen Kindle einrichten

Wie kommt das E-Book auf den Kindle? Das können Sie mit WLAN ganz leicht vollbringen.

1. Wenn Sie das Gerät einschalten, fragt es zuerst danach, ein WLAN Netzwerk einzurichten.
2. Wählen Sie Ihr Netzwerk aus und geben Sie den Netzwerkschlüssel ein.
3. Bestätigen Sie.
4. Wenn Sie alles richtig gemacht haben, sind sie jetzt verbunden.

Dann können Sie Ihren Kindle einrichten. Melden Sie sich bei Ihrem Amazonkonto an, oder erstellen Sie ein neues. Geben Sie Ihre E-Mailadresse und das Passwort an. Klicken Sie auf OK. Sie bekommen Bescheid, dass die Einrichtung abgeschlossen ist.

Auf der Startseite steht "Willkommen" und das Kindle Benutzerhandbuch ist dort zu sehen. Dann sind dort ein Archiv mit ihren bisherigen E-Books und der Kindleshop in dem Sie einkaufen können.

Ihre gekauften E-Books, sowie ihre Lesegeräte werden bei Amazon in der Kindlebibliothek gespeichert.
http://amzn.to/1FMR82X

Sie können eine automatische Buchaktualisierung aktivieren. Falls ein E-Book überarbeitet wird, können Sie die neueste Version bekommen.

Tablet versus Kindle

Welches Gerät ist am besten? Welches sind die Vor- und Nachteile der Geräte? Fragen über Fragen.

Für welches Gerät Sie sich entscheiden, müssen Sie selbst wissen. Lesen Sie gerne draußen, dann sollte es entspiegelt sein. Lesen Sie lieber abends im Dunkeln, sollte das Display beleuchtet sein. Möchten Sie auch Videos schauen oder auch Musik anhören? Dann käme eher ein Tablet in Frage.

Für ein einfaches Lesegerät reicht ein E-Reader völlig aus, da auch das Lesen angenehmer ist. Aber schauen Sie sich die folgende Liste an.

	Tablet I-Pad	E-Reader Kindle
Display	10 Zoll +	6 Zoll -
	spiegelt -	entspiegelt +
	beleuchtet +	nicht beleuchtet -
	anstrengendes Lesen -	angenehmeres Lesen +
Farbe von Bildschirm	farbig +	schwarz/weiß -
Ausstattung	Videos schauen +	nein -
WLAN	ja +	ja +
Speicher	groß +	klein -
Audio	ja +	nein -
Anschaffung	teuer -	günstig +
Touchpad	ja +	ja +
Akku	kurz -	lang +
	Multifunktionsgerät +	reines Lesegerät -
	hohes Gewicht -	niedriges Gewicht +
Browser	ja +	nein -
Prozessoren	schnell +	langsam -
Gerät	groß +	klein, kompakt -

Bei einem Reader ist der Kontrast bei Sonnenlicht besser. Es gibt eine blickwinkelunabhängige Darstellung und eine geringere Ermüdung der Augen. Der Akku hält bei täglichem halbstündigen Gebrauch einen Monat lang. Da kann kein Tablet mithalten.
Es ist am besten von jedem ein Gerät zu haben, dann ist man in allen Situationen gut ausgerüstet.

Onleihe

Wenn Sie über einen Bibliotheksausweis verfügen, können Sie E-Books, ePaper, eMusic und eVideos gratis Online ausleihen. Ansonsten wenden Sie sich an Ihre Heimatbibliothek.
Es gibt über 160 000 E-Books in ePub und PDF Formate, sowie WMA und WMV. Es sind bereits 1925 Bibliotheken dabei.
Jedes Medium wird immer nur von einem Benutzer ausgeliehen. Gibt es 5 Exemplare, können 5 Benutzer gleichzeitig das E-Book lesen.
Das Medium können Sie innerhalb einer Frist nutzen. Danach sind die Nutzungsrechte beendet und die Datei lässt sich nicht mehr öffnen. Sie brauchen es nicht zurückzugeben.
Es fallen nur die Jahresgebühren der Bibliotheken an.
www.onleihe.net

Calibre - E-Book Formate konvertieren

Wenn Sie dieses Buch aufmerksam gelesen haben, werden Sie feststellen, dass die E-Books in verschiedenen Formaten geschrieben sind, wie Mobi oder ePub. Leider kann nicht jeder Reader alle Formate lesen. Was tun, wenn Sie ein anderes Format brauchen?

Dafür gibt es Hilfe. Calibre ist ein Programm, das ein Format in ein anderes konvertieren kann.

Hier können Sie eine Word Datei in ePub konvertieren, sowie ePub in Mobi.

Sie können die folgenden Formate CBZ, CBR, CBC, CHM, ePub, FB2, HTML, LIT, LRF, Mobi, ODT, PDF, PRC, PDB, PML, RB, RTF, TCR, TXT exportieren. In folgende Formate können sie umgewandelt werden. ePub, FB2, OEB, LIT, LRF, Mobi, PDB, PML, RB, PDF, TCR, TXT.

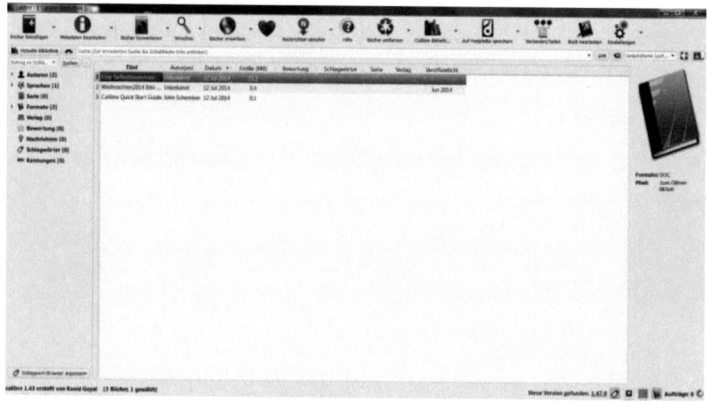

Als Erstes downloaden Sie das Programm aus dem Internet und installieren es auf Ihrem Computer.
http://calibre-ebook.com

Klicken Sie auf das Icon und öffnen Sie das Programm.

Fügen Sie per Drop & Drag das E-Book zu der Bibliothek hinzu. Rechts sehen Sie, in welchem Format das E-Book geschrieben ist.

Sie können auch direkt ein Buch aus dem Internet downloaden.
1. Klicken Sie in der oberen Leiste auf "Bücher erwerben".
2. Entfernen Sie überall das Häkchen, wo das Buch nicht gesucht werden soll.
3. In der linken Spalte sehen sie alle Händler. Nehmen Sie als Beispiel Projekt Gutenberg.
4. Oben geben Sie den Titel oder ein Schlüsselwort ein.
5. Klicken Sie rechts oben auf "Suchen". Es erscheinen die E-Books.
6. Klicken Sie auf das E-Book, das Sie ausgewählt haben.
7. Markieren Sie es. Rechts ist ein grüner Pfeil. Klicken Sie darauf mit der rechten Maustaste.
8. Wählen Sie "herunterladen". Wählen Sie das Format aus, klicken Sie auf "OK".
9. Es erscheint in Ihrer Bibliothek.
10. Markieren Sie das E-Book.

11. Klicken Sie in der oberen Leiste auf "Bücher konvertieren". Links oben steht Eingabeformat und rechts oben steht Ausgabeformat.

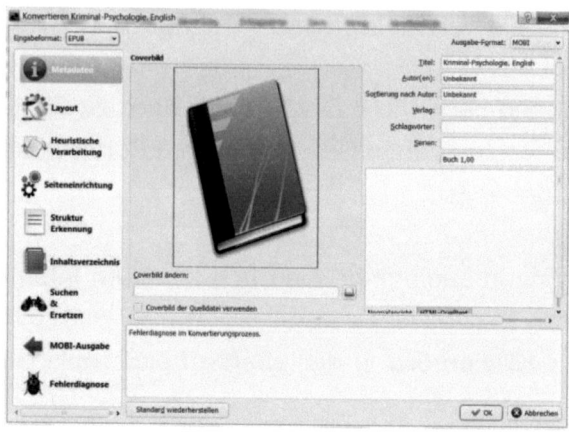

Gehen Sie mit dem Mauszeiger auf das E-Book und klicken die linke Maustatse mit einem Doppelklick an. Es öffnet sich der Reader von Calibre. Rechte Maustaste klicken, es öffnet sich ein neues Fenster mit "an Reader senden" und auch "verbinden/teilen". Da können Sie es mit z.B. iTunes verbinden.

Verbinden Sie Ihren Reader per USB Anschluss mit dem PC.

Wählen Sie "an Reader senden". Es öffnet sich ein Fenster mit "an Hauptspeicher senden". Das anklicken. Schon wird das E-book übertragen. Es erscheint auf Ihrem Reader in der Bibliothek.

Kindle App auf PC downloaden. http://amzn.to/1ucEeXw

Jetzt "herunterladen" klicken und "Datei speichern".

Datei installieren. Melden Sie sich bei Ihrem Amazon Konto an.

Und schon erscheint die Bibliothek.

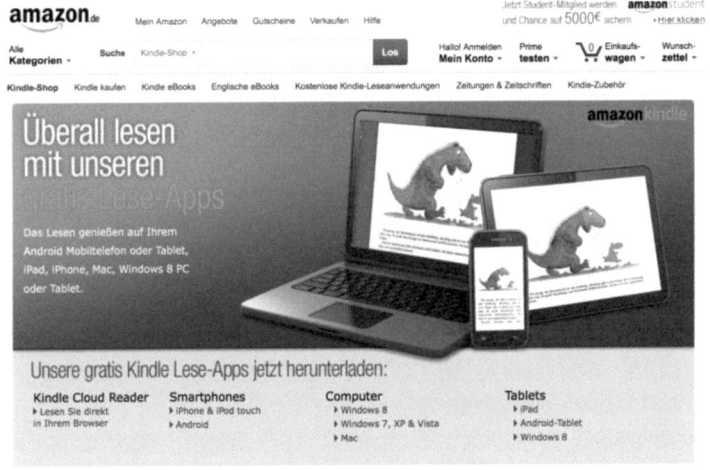

Gehen Sie bei Amazon auf eine Seite, auf der Sie ein E-Book downloaden möchten. Klicken Sie oben rechts auf "Senden an (Name)Kindle PC". Dann erscheint es in der Bibliothek von Ihrer Kindle App auf dem PC.

Eine einfache Methode das E-Book auf den PC zu speichern ist folgende. Mit der Maus können Sie das E-Book in die Bibliothek ziehen. Dann den Reader anschließen. "Senden an Gerät" anklicken. Schon findet die automatische Konvertierung statt.

Bitte achten Sie darauf, dass dies nur für E-Books ohne DRM gilt. Um ein kopiergeschütztes E-Book zu konvertieren, müsste der Kopierschutz entfernt werden. Das ist illegal und somit strafbar.

Kindle Unlimited

Im Sommer 2014 wurde von Amazon Kindle Unlimited veröffentlicht. In dieser Funktion können E-Books gratis ausgeliehen werden.
Die Anwendung ist aber nicht gratis. 9,99 Euro im Monat kostet die E-Book Flat. Dafür kann man sich E-Books zeitlich unbefristet ausleihen.
Aber es ist an eine kleine Bedingung geknüpft. Man darf sich zwar unendlich viele ausleihen, aber nur 10 Stück gleichzeitig. Wenn man noch andere E-Books bekommen möchte, muss man erst wieder welche zurückgeben.

Es gibt 17 Millionen E-Books bei Amazon. Aber nicht alle sind bei Kindle Unlimited angemeldet. Es sind zur Zeit 650 000 und davon 40 000 in deutscher Sprache. Darunter sind die E-Books, die beim Kindle Direct Publishing angemeldet sind und Bücher von Verlagen, die spezielle Verträge mit Amazon haben.

Für die Autoren gibt es eine kleine Vergütung, aber die ist nicht der volle Preis vom E-Book.
Wenn Sie skeptisch sind, können Sie Kindle Unlimited für einen Monat gratis testen. Kündigen Sie aber vor Ablauf, da es sonst automatisch in die Zahlfunktion übergeht.

Fazit: Lohnt sich diese Funktion? Meiner Meinung nur für Vielleser, ansonsten nicht. Es gibt täglich so viel gratis Angebote, dass man nicht 9,99 Euro im Monat ausgeben muss. Und die E-Books kann man auch dauerhaft behalten.
Wenn es wirklich unbegrenzt wäre, dann würde es sich lohnen, aber so nicht. Oder Sie lesen wirklich jeden Tag ein Buch. Wenn Sie einen Monat nicht zum Lesen kommen, müssen Sie trotzdem bezahlen.
Außerdem sind nicht alle Titel die auf dem Markt sind dort erhältlich.
Bedenken Sie, dass bei Kündigung der Mitgliedschaft alle geliehenen E-Books gelöscht werden.

Alte E-Books aktualisieren

Oft kommt es vor, dass es von den E-Books eine Neuauflage gibt. Wie bekommt man die Neuauflage von Amazon auf seinen Reader? Ihre E-Books können Sie automatisch oder manuell aktualisieren. Der Vorteil bei manuell ist, dass Sie wählen können, welches E-Book Sie erneuert haben möchten.

Hier beschreibe ich die manuelle Methode.

1. Rufen Sie den Support von Amazon auf. https://www.amazon.de/gp/help/customer/contact-us?ie=UTF8&initialIssue=asin-or-der&nodeId=200127470&ref_=hp_ss_comp_cu_v4& oder Kurzform http://short4u.de/558ac526cdd5c
2. Das Thema „Fire und Kindle" auswählen.
3. Unter Punkt 2 das Thema „Meine Kindle E-Books" wählen.
4. Wählen Sie „Probleme beim Herunterladen von Inhalten".
5. Wählen Sie zwischen Chat oder Telefon.
6. Geben Sie den Titel von dem E-Book an und die ASIN Nummer.
7. Der Mitarbeiter aktualisiert das E-Book für Sie.
8. Jetzt müssen Sie den Kindle E-Reader Neustarten und das E-Book aufrufen. Es ist nun die neueste Auflage zu sehen.

Die verschiedenen Shops mit kostenlosen E-Books

Im Folgenden sind verschiedene Shops und Seiten aufgelistet in denen gratis E-Books zu finden sind.

Beam

Dies ist ein E-Book Shop mit vielen Büchern im Angebot. Die Formate sind PDF, epub und Mobi, also alle gängigen Dateien. Es ist eine Anmeldung erforderlich.
https://www.beam-ebooks.de/kostenlos.php5

Bol

Dieser Händler bietet eine große Anzahl von gratis E-Books an. Das sind Romane, Sach- und Lehrbücher, Es gibt sie im epub Format mit dem Kopierschutz Adobe DRM. Das Downloaden ist etwas kompliziert. Und eine Anmeldung ist erforderlich.
http://www.bol.de/shop/ebooks_kostenlos/show/

Bookboon

Hier gibt es kostenlose Dateien, Bücher und Lehrbücher zu Businessthemen.

Die Sprachen sind Deutsch, Englisch und Französisch.

Das Format ist PDF.

Man muss seine E-Mail Adresse angeben und sich beim Newsletter anmelden, um die Bücher herunterzuladen.

Es werden Autoren zu weiteren Büchern gesucht.

www.bookboon.de

Bookrix

Dieser Shop ist sehr gut bestückt. Es gibt zehntausende kostenloser Bücher als E-Book zum Downloaden oder zum Onlinelesen auf dem Browser.

Insgesamt werden 64 Bereiche angeboten von Fantasy, Liebe, Krimi, Kinder bis Thriller und viele andere mehr.

Das Format ist ePub. Es geht auch ohne Anmeldung.

Hier sind viele Autoren enthalten, die selbst veröffentlicht haben.

http://www.bookrix.de/ebooks_lesen.html

Ciando

Dies ist ein E-Book Shop. Jeden Donnerstag gibt es ein E-Book kostenlos zum Downloaden das man auf dem Ciandoreader lesen kann.

Eine Anmeldung ist erforderlich.

http://bit.ly/1r1stpk

Cora Verlag

In diesem Verlag werden immer wieder gratis Bücher an-geboten. Es handelt sich um Romane und Liebesromane.

Sie können sie direkt downloaden und lesen. Es besteht keine Anmeldepflicht.

http://www.cora.de/leselounge/cat/kostenlose-ebooks

Ebook

Hier gibt es viele E-Books aus vielen Bereichen gratis. Märchen, Kinderbücher, Krimis, Romane, deutschsprachige Gedichte. Es ist eine Anmeldung erforderlich. Die Formate sind ePub.

http://www.ebook.de/de/category/59011/gratis_ebooks.html

E-Books to go

Auf dieser Seite finden Sie Romane, Fachbücher und Ratgeber. Es werden ca. 100 gratis E-Books angeboten. Die Formate sind ePub und PDF.

Es ist eine Anmeldung erforderlich.

https://aufbruch-2012.E-Bookshelf.de

EBozon

Hier gibt es einige wenige E-Books für z.B. Internet Marketing. Die E-Books sind in PDF, ePub und Mobi.

Eine Anmeldung ist erforderlich. In der linken Leiste muss man gratis E-Books anklicken.

http://ebozon.com/

Google Search

Auch Google hält gratis E-Books bereit. Hier gibt es viele gemeinfreie Werke und viele Klassiker.

Die Formate sind PDF und ePub.

1. Gehen Sie auf die Webseite
   http://books.google.de
2. Geben Sie einen Titel oder Autoren ein.
3. Klicken Sie oben auf "Suchoptionen".
4. Klicken Sie auf "Alle Bücher".
5. "Kostenlose E-Books".
6. Klicken Sie auf ein Buch.
7. Bei "E-Books kostenlos" sehen Sie die Formate.
   Wählen Sie Format ePub oder PDF.
8. E-Book downloaden.

Amazon

Dieser Shop stellt zahlreiche gratis E-Books zur Verfügung. Und täglich wechselt das Angebot.

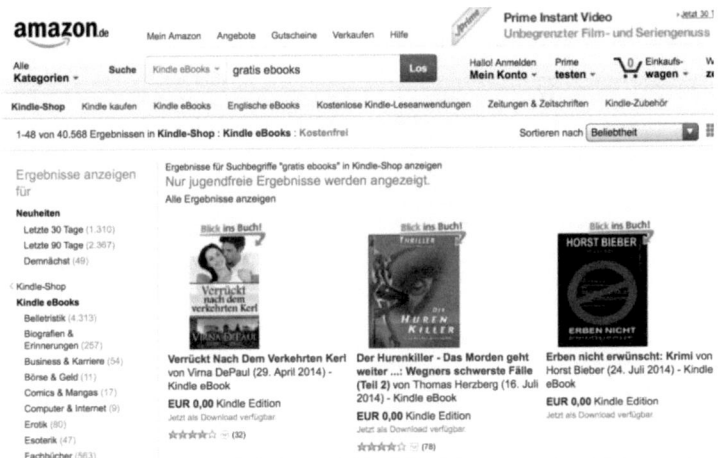

Gehen Sie auf die Seite von Amazon. Geben Sie kostenlose E-Books ein oder klicken Sie unten auf einen Link. Und schon erscheint eine Seite.

Es gibt verschiedene Kategorien, in denen Sie schauen können. Im Folgenden sind einige Links aufgelistet.

Kostenlose E-Books
http://amzn.to/1smGpII

Kostenlose E-Books Bestseller bei Amazon
http://amzn.to/WUTC04

Kostenlose Krimis bei Amazon
http://amzn.to/1tcBqNr

Kostenlose Kinderbücher
http://amzn.to/1CdK4uM

Klassiker
http://amzn.to/1fhmdpg

Kochen
http://amzn.to/1nkFnXq

Esoterik
http://amzn.to/1ooFzcW

Fantasy
http://goo.gl/XruQ3W

Gesundheit
http://amzn.to/1ooDZaP

Liebesromane
http://amzn.to/1pykpbM

Märchen
http://amzn.to/1o6gX9c

Ratgeber
http://amzn.to/1qUdQEm

Wenn Sie eine Prime-Mitgliedschaft bei Amazon einge-
hen, können Sie jeden Monat ein E-Book Ihrer Wahl kostenlos downloaden. Sie zahlen lediglich jeden Monat eine
geringe Gebühr für die Mitgliedschaft.

Ecobookstore
Der grüne Onlinebuchhandel. Auf dieser Plattform finden
Sie fast 1000 gratis E-Books aus allen Bereichen.
Die Firma unterstützt Klima- und Umweltschutz. Sie wird
mit eigener Photovoltaikanlage betrieben.
Es werden ePub und PDF Formate angeboten. Eine An-
meldung ist erforderlich.
www.ecobookstore.de

Heise Computerbücher
Hier gibt es Computer E-Books.
http://www.heise.de/download/freizeit-hobby/E-
Books-50000505248/?f=1e

Leselupe
Auf dieser Seite gibt es 70 000 kostenlose Geschichten
und Gedichte zum Downloaden.
Ebenso werden kostenlose Hörbücher angeboten.
www.leselupe.de

Ngiyaw-ebooks
Auf dieser Seite werden E-Books von seltenen Autoren
angeboten. Sie beinhaltet Gedichte, Prosa, Märchen,

klassische Werke, gemeinfreie Werke. Viele Original-
schriften alter Bücher wurden eingescannt.
Es gibt sie in den Formaten PDF, ePub, Mobi, azw3.
Sie können direkt Online gelesen werden. Es besteht keine Anmeldung.
www.ngiyaw-ebooks.org

Apple

Wie schon erwähnt hält Apple iBooks bereit, auf dem einige kostenlose E-Books zu bekommen sind. Nach unten
scrollen und kostenlose Bücher wählen.
https://itunes.apple.com/de/app/**ibooks**/id364709193?mt=
8
oder direkt hier
http://itunes.cmail1.com/t/r-l-cwlytl-itdtvlhhj-j/

Thalia

Hier gibt es einige gratis E-Books im ePub Format. Eine
Anmeldung ist erforderlich. Oben in der Leiste E-Books
wählen. Links auf E-Books Schnäppchen klicken. Und
dann auf der linken Leiste kostenlose E-Books wählen.
http://bit.ly/1otBhS3

Zulu

Hier sind die E-Books nach Kategorien sortiert. Es gibt
eine kleine Sammlung von E-Books. Sie können sie sofort
downloaden ohne sich anzumelden.
www.zulu-ebooks.com

Sternchenland

Hier gibt es meist gemeinfreie Werke. Die Formate sind PDF, Mobi und ePub.
Sie sind in verschiedenen Kategorien angeordnet. Wählen Sie aus einem Angebot von 5500 Romanen, Kinderbüchern und weiteren Kategorien.
www.sternchenland.com

Readfy

Hier gibt es über 15000 E-Books als Beta-Tester gratis zum Lesen. Mit Anmeldung.
https://www.readfy.com/

Freiszene

Es werden ePub und PDF aus verschiedenen Kategorien E-Books angeboten. Es gibt ebenso Hörspiele. Ohne Anmeldung.
http://www.freiszene.de/

tolleBuchangebote.de

Eine Sammlung von tagesaktuellen E-Book Angeboten. Einige E-Books sind kostenlos, ansonsten mit einem Preisnachlass von 50 Prozent. Hier zählt Qualität vor Quantität: Nur beliebte E-Books mit guten Bewertungen werden empfohlen.
www.tolleBuchangebote.de

99cent-ebooks

Der E-Book Discounter. Einige wenige gratis E-Books, darunter Klassiker, erotische Geschichten und Science-Fiction gibt es im Sortiment. Alle E-Books im ePub und PDF Format ohne DRM. Links in der Leiste kostenlose E-Books wählen.
www.99cent-ebooks.de

Fremdsprachige E-Books

Hier gibt es eine kleine Auswahl von fremdsprachigen E-Books.
www.Smashwords.com
www.epubbooks.com
www.manybooks.net
www.openlibrary.com

Italienische E-Books
www.youcanprint.it

Englischsprachige E-Books bei Amazon
http://amzn.to/UWyOn9

Gruppe mit Empfehlungen für E-Books bei Facebook

https://www.facebook.com/groups/Kostenlose.ebooks/

eBook Deals

Kostenlose Hörspiele

Es gibt eine Menge Seiten auf der kostenlose Hörspiele angeboten werden. Sie können entweder direkt Online gehört werden oder man kann sie downloaden.

Grimms Märchen

Hier gibt es gratis Märchen zum Online anhören und zum Downloaden. Alle sind von den Gebrüder Grimm.
www.grimmsmaerchen.net

Vorleser

Hier können Sie alles sofort downloaden. Ohne Anmeldung. Es sind Zip Dateien. 650 kostenlose mp3 Hörbücher.
www.Vorleser.net

Gratis Hörspiele

Hier gibt es einen direkten Download oder einen Stream.
www.gratis-hoerspiele.de

Weitere Werke von der Autorin:

Tolle Zaubertricks für Kinder

In diesem Buch werden Zaubertricks und Anleitungen beschrieben, wie eine Zaubervorstellung entsteht. Materialien, die dafür benötigt werden, können leicht hergestellt werden. Das Basteln des Zubehörs, Zauberstab, Zauberhut gehört gleich mit dazu.
ISBN: 978-3735750952

Erhältlich bei info@die-zauberkiste.de
Meine Homepage www.die-zauberkiste.de

Die Zauberschule
Bubbles und Buch.
Zeitabschnitt des Schicksals

E-Books bei Amazon
Kinder basteln mit Naturmaterialien: Sommer
Kinder basteln mit Naturmaterialien: Herbst
Eine Seifenblasenmaschine basteln
Zeitabschnitt des Schicksals

Haftungsausschluss

Haftung für Links

Dieses Buch enthält Links zu externen Webseiten Dritter, auf deren Inhalte wir keinen Einfluss haben. Deshalb können wir für diese fremden Inhalte auch keine Gewähr übernehmen. Für die Inhalte der verlinkten Seiten ist stets der jeweilige Anbieter oder Betreiber der Seiten verantwortlich. Die verlinkten Seiten wurden zum Zeitpunkt der Verlinkung auf mögliche Rechtsverstöße überprüft. Rechtswidrige Inhalte waren zum Zeitpunkt der Verlinkung nicht erkennbar. Eine permanente inhaltliche Kontrolle der verlinkten Seiten ist jedoch ohne konkrete Anhaltspunkte einer Rechtsverletzung nicht zumutbar. Bei Bekanntwerden von Rechtsverletzungen werden wir derartige Links umgehend entfernen.

Quelle: erecht24

Einige Links wurden gekürzt. Falls Links nicht abrufbar sind, können Sie es mir mitteilen. Ich werde sie dann erneuern. Vielen Dank dafür.

Info@die-zauberkiste.de

Fotos Titelseite, Seite 2,11 © Pixelio - Julien Christ
Seite 16 © Pixelio - D. Braun

Alle anderen Fotos Susanne Rennert